AF339678

LES
PUISSANCES EUROPÉENNES

ET LES

NATIONALITÉS.

MEAUX. — IMP. DE A. DUBOIS.

LES

PUISSANCES EUROPÉENNES

ET LES

NATIONALITÉS

Par E. ARNOUS - RIVIÈRE.

50 CENTIMES.

PARIS

CHEZ LES PRINCIPAUX LIBRAIRES.

1859.

SEINE
IMPÉRIAL
TIMBRE
5 C

AVANT-PROPOS.

Jetez les yeux sur la carte politique de l'Europe, vous y verrez cinq puissances inégales en territoire, en population, en richesses, mais dont les gouvernements se sont arrogé, depuis bientôt cinquante ans, le droit de régler toutes les discussions, d'aplanir toutes les difficultés qui surgissent à chaque instant, non seulement entre eux, mais encore sur la surface presque entière du globe ; puis quelques nations de second ordre, mais bien limitées par la nature ; enfin au centre, une agglomération de petits états enchevêtrés les uns dans les autres, restes bizarres du moyen âge et qu'on s'étonne de voir durer si longtemps.

Ne voulant nous occuper dans cet écrit que de la position respective de chacune de ces cinq puissances vis-à-vis de toutes les nationalités européennes, de leurs tendances politiques individuelles, enfin du bien et du mal qui peuvent résulter de leur bonne foi dans leur accord, comme dans leurs conflits, nous bornerons notre examen à l'ensemble des faits qui se sont passés de nos jours, et à ceux qui nous paraissent le plus probables dans l'avenir.

Pas de personnalité, pas de passion politique, ces deux sentiments ne pouvant convenir à un écrivain qui ne veut blesser aucun parti, et qui croit que, de notre temps, l'opinion publique est plus forte que les individus, et par conséquent les annule un jour ou l'autre quand ils ne se soumettent pas à ses décrets.

LES

PUISSANCES EUROPÉENNES

ET LES

NATIONALITÉS.

La France, avant l'avénement de l'Empereur, était, avouons-le franchement, livrée à l'anarchie, et la preuve la plus certaine, c'est que vous voyiez tous nos partis politiques s'agiter à ce point, que le plus usé de tous espérait une nouvelle restauration, et poussait à la confusion générale, pensant que de guerre lasse, on en reviendrait à ce qu'il appelle la légitimité. Les Orléanistes, tombés quelques années auparavant, on ne pouvait pas encore concevoir comment, baissaient la tête, cherchant les uns à se créer une nouvelle opinion, les autres comptant sur leurs talents pour recouvrer à une époque plus calme leur influence dans l'Etat. Le parti républicain se ramifiait à l'infini, et était embarrassé d'une quantité d'intrigants qui en prenaient le titre, pour accaparer les bonnes places et dilapider les fonds publics.

Mais tous ces partis réunis ne formaient que l'infime minorité de la nation ; la masse était indifférente à toutes ces factions représentées ou conduites par des célébrités d'un jour, et commençait à se fatiguer d'attendre la reprise des affaires et la certitude d'une tranquillité durable; les gens de cœur de tous les partis s'indignaient de voir notre politique extérieure aussi mal dirigée, et déploraient le sort de deux malheureuses nations qui avaient mis toute leur confiance en nous, et que nous abandonnions à l'heure suprême. Enfin l'armée, humiliée maladroitement et en maintes circonstances depuis 1848, était mécontente; elle se tenait sur la réserve, conservant sa discipline, son esprit d'ordre, ayant en quelque sorte la prescience de l'avenir magnifique qui lui était réservé.

Il ne faut donc pas s'étonner de la facilité avec laquelle l'Empereur actuel s'est emparé des rênes de l'Etat, acclamé par la presque totalité du peuple français, non pas que, dès son arrivée aux affaires, on s'attendît à toutes les merveilles de son règne, non plus qu'à la profonde habileté avec laquelle il a su nous replacer à la tête des nations, mais parce que chacun sentait que l'ère de la sécurité allait commencer et que celle des stériles discussions allait finir. On en avait assez de cette chimère de liberté politique dont la possession n'enrichissait personne, tuait toute espèce de crédit, et gênait presque la liberté individuelle; l'armée, la première, ne poussa qu'un seul cri, si souvent répété depuis, mais pas avec plus de conviction; les affaires reprirent, les ateliers déserts se repeuplèrent, et quelques mois après, on ne se souvenait plus de tous ceux qui avaient fait tant de bruit et si peu de besogne. Depuis, nous avons été bien heureux; toutes les grandes et nobles passions, communes aux peuples comme aux individus, ont été satisfaites; nous avons su de nouveau ce que c'était que la gloire.

Que faisait l'Europe pendant ce temps-là ?

L'Angleterre, satisfaite de trôner sans contrôle sur les mers, jouissait d'une profonde tranquillité depuis bien longtemps ; elle avait bien eu quelques démêlés sérieux avec la France en 1840, mais son habile politique et notre isolement en Europe l'avait fait sortir de ce conflit plus puissante que jamais. Elle fabriquait bien, vendait à meilleur marché tout ce que l'humanité consomme, et n'avait d'autre souci que de s'enrichir. Malgré ses inquiétudes à l'égard de la Russie, le feu était encore loin des étoupes, l'Inde n'avait pas brisé quelques maillons de sa chaîne, le parti libéral n'était encore qu'un enfant. La révolution de 1848 la surprit sans l'effrayer beaucoup, car nous n'étions sympathiques à aucun gouvernement ; elle nous savait divisés et ne redoutait pas notre flotte ; elle attendit.

Ce fut pendant cette période expectante que la Russie se montra de plus en plus menaçante, et qu'après avoir resserré son alliance avec la Prusse, rendu des services signalés à l'Autriche, elle se disposa à exécuter le projet favori de tous ses souverains en faisant un pas de plus vers le Bosphore. L'Angleterre alors n'hésita plus, elle se jeta franchement dans les bras de la France, et si l'entente cordiale a jamais eu lieu, ce fut dans ce moment-là. L'héritier de son plus mortel ennemi fut de suite reconnu par elle ; les marques de courtoisie ne manquèrent pas entre leur reine et l'illustre proscrit devenu empereur ; l'alliance anglo-française devint ce qu'elle n'avait jamais été : une réalité.

La Russie, quoique étonnée de cette alliance, la brava ; son vieux souverain voyait depuis si longtemps ses légions victorieuses en Pologne, au Caucase, en Hongrie, il se croyait si loin de l'Europe, qu'il crut pouvoir lever le masque et atteindre le but avant de rencontrer un obstacle. Il comptait sans la vapeur, sans la valeur de nos soldats, sans l'activité prodigieuse avec laquelle l'Empereur sut organiser et envoyer au combat cette magnifique armée qui fit tomber Sévastopol.

Ainsi tomba également ce vieil axiome, qu'un soldat vaut un soldat, à quelque nation qu'il appartienne. Les Français ont montré, dans toutes les rencontres de ces deux dernières guerres, une telle supériorité individuelle sur les soldats de toutes les autres nations engagées dans la lutte, soit comme adversaires, soit comme alliés, qu'à l'heure qu'il est, ce ne peut plus être l'objet d'une discussion sérieuse. Voilà donc tous les calculs de force, fondés sur la population de chaque Etat, renversés, et il ne sera plus si facile pour nos vieilles diplomaties d'Europe de calculer combien il faudra opposer de leurs soldats à un des nôtres, et de faire des dénombrements imposants, *excepté sur les champs de bataille.*

Nous parlerons plus tard de la Prusse et de l'Allemagne; nous passons également cette époque de guerre et d'efforts diplomatiques inutiles pour décider le centre de l'Europe à y prendre part, dans un sens ou dans l'autre, et nous arrivons de suite au congrès de Paris.

Depuis les deux congrès de Vienne et de Vérone, qui avaient donné à l'Europe la paix matérielle dont elle avait tant besoin à cette époque, après vingt années de guerres sanglantes et de bouleversements politiques, il n'y avait pas eu jusqu'en 1856 de nouvelles réunions aussi importantes des représentants des grandes puissances européennes. Et cependant les secousses politiques n'avaient pas manqué, les motifs de guerre non plus ; tous les événements de cette époque sont encore trop présents à la mémoire de chacun, pour les rappeler ici en détail ; constatons seulement en passant qu'ils furent autant de ratures, pour ainsi dire, sur les articles des traités de 1815. A chaque moment de crise, à chaque effort d'une nation opprimée pour secouer des chaînes imposées sans autre raison que celle de la force, les diplomates se réunissaient au plus vite, et on arrangeait l'affaire sans s'occuper de l'avenir.

Mais en 1856 on ne pouvait s'entendre ainsi. Une grande lutte venait d'avoir lieu entre deux anciens ennemis, maintenant réconciliés, et la Russie. Cette dernière, quoique vaincue, n'était pas abaissée, et malgré d'immenses sacrifices de sang et d'argent, on n'avait pu que l'arrêter sur les bords du Danube et aux portes du Bosphore. Tout le monde voulait la paix, les uns parce que le but de la guerre était rempli, les autres parce qu'ils jugeaient opportun de remettre à plus tard leurs projets.

La France surtout devait gagner plus que toute autre puissance à la réunion d'un congrès. L'immense supériorité militaire et administrative dont elle avait fait preuve pendant la guerre l'avait bien replacée de fait à la tête des nations ; la merveilleuse facilité de ses emprunts avait bien prouvé sa confiance intérieure dans sa nouvelle dynastie ; *mais il lui restait encore, pour terminer dignement sa Restauration, à la faire constater dans une réunion solennelle des grandes nations européennes à Paris.*

Les diplomates des puissances belligérantes y vinrent donc avec la résolution bien arrêtée de s'entendre, et à plus forte raison les représentants de la Prusse et de l'Autriche, à qui il tardait de cesser leur neutralité ambiguë. La tâche de ce congrès fut facile ; la France y gagna plus qu'une province, on lui rendit la considération due à sa force et à sa gloire.

Mais le résultat le plus important pour elle, et dont chacun peut se rendre compte aujourd'hui, fut la destruction morale des traités de 1815. En effet, personne n'osa en parler, ils furent passés sous silence, car aucune des puissances signataires n'aurait osé venir à Paris demander à l'aréopage des nations une nouvelle consécration de ces malheureux traités que chacune d'elles avait violés à la face de l'Europe. La France, qui en avait été la victime, qu'on avait fait assister à son partage, et qui seule, peut-être, ne les a pas violés à son bénéfice, eût pu élever la voix. Mais l'Empereur fut beaucoup plus sage, il se contenta du résultat obtenu, la grandeur de la France replacée au rang qui lui était dû et n'engageant pas l'avenir. L'utilité du congrès de 1856 fut donc incontestable.

De la fin de ce congrès au commencement de la question italienne, et au projet d'un nouveau congrès, il y a un petit nombre de mois ; et remarquons cependant quels changements s'opèrent dans la politique de toutes les puissances. Tous les gens de bonne foi en conviendront, et ici nous ne parlons que pour eux, raisonnant sur les faits accomplis, évidents aux yeux de tous, et dont l'ensemble crée seul l'opinion publique dans tous les pays du monde, quelques efforts qu'on fasse parfois dans certaines régions pour la faire dérailler. Il faut donc s'entendre sur ce qu'on appelle l'opinion publique, et ne pas donner ce nom, *à cette agitation malfaisante, qui crie à la coalition quand ce n'est qu'un vain fantôme, qui fait baisser les fonds pour entraver les inspirations généreuses d'un gouvernement,* mais bien à cette immense agglomération d'opinions individuelles, qui se voyant bien dirigée, fait qu'au moment voulu, les caisses de l'Etat s'emplissent par enchantement, le plus pur sang du pays coule gaiement pour sa gloire. C'est à cette masse de vrais Français que nous nous adressons, et dont nous voudrions être l'interprète dans notre résumé du passé comme dans notre prévoyance de l'avenir.

Nous disons donc que chacune des cinq grandes puissances éprouve une déviation dans sa politique. Nous voyons en effet la France se rapprocher de la Russie, rajeunie pour ainsi dire par un nouveau souverain plus ambitieux d'améliorations intérieures, que d'agrandissements territoriaux. Les deux Empereurs se rencontrent à Stuttgard, et nul doute qu'ils ont plus fait en deux jours pour le bonheur de l'humanité que vingt ambassadeurs en deux ans.

L'alliance anglo-française au contraire cesse d'être aussi franche ; elle existe toujours dans ces formules, dans les relations officielles ; mais la manière de voir sur une foule de questions n'est plus la même. La presse des deux pays engage une polémique, ardente de l'autre côté du détroit ; les antipathies nationales se réveillent ; on ne s'entend pas sur l'organisation des Principautés ; nous excitons la jalousie britannique par l'achèvement d'un grand port ; enfin, nous avons la douleur de voir un acquittement presque scandaleux. On se mesure de l'œil ; et malgré notre tranquillité, les assurances de notre Empereur, dont les paroles sont des garanties, il est lancé, du haut des tribunes anglaises, quantité de prédictions sinistres, de conseils alarmants.

L'Autriche, cette alliée douteuse et passive de la guerre d'Orient, devient si embarrassée au milieu de sa politique tortueuse, qu'elle fait en désespoir de cause un appel aux armes, pour empêcher plusieurs millions de ses sujets de briser un joug devenu odieux.

La Prusse, enfin, sort de sa position ambiguë, elle se rapproche de l'Angleterre. Beaucoup trop longue pour sa largeur, elle jette des regards de convoitise sur la Confédération germanique. La constante et unique ambition de ce pays est donc d'en absorber toute l'influence, en attendant qu'elle en absorbe le territoire, afin de pouvoir réunir les deux tronçons dont des traités malveillants l'ont composé à nos jours de malheur.

Deux fautes essentielles de l'Autriche mettent le feu aux poudres. Elle se refuse à la réunion d'un congrès, et elle se donne le tort de tirer l'épée la première. Quant à nous, réjouissons-nous bien sincèrement que le congrès n'ait pas eu lieu, et voici pourquoi. Cette nouvelle réunion aurait eu pour but d'éviter une collision prête à éclater en Italie.

Le congrès de 1856, au contraire, avait pour but de terminer la guerre. Là est toute la différence, et elle est énorme, car du petit au grand et pour comparaison, il est notoire que deux hommes aigris par la discussion sont bien plus disposés à se battre qu'après s'être déjà battus. Avant, chacun a confiance dans sa force, raison dans son bon droit ; on s'écoute, sans écouter l'adversaire, autrement que pour chercher son côté faible. Après, les événements ont fait justice de toutes préventions, et si la galerie s'interpose, on s'entend facilement : il en est de même des nations.

La question italienne, d'abord restreinte entre l'Autriche et la Sardaigne, devint tout d'un coup une question entre la France et l'Autriche, en face de l'Europe, bien embarrassée, soyons-en sûr, de la résoudre. Or donc, quand nous soutenons que le congrès qu'on proposait alors, était inutile et que la guerre était inévitable, c'est

les plus proches, et elle aurait eu dans cette assemblée suprême une immense influence.

Qui l'eût empêché alors de reconstituer, à notre détriment, une unanimité imposante en sa faveur, en promettant des réformes partielles, en cédant pour la forme sur quelques points en litige, en gagnant du temps peut-être, temps qu'elle aurait employé à distiller la défiance à notre égard dans des cœurs mal disposés. Qu'aurions-nous dit, qu'aurions-nous fait, si toutes les puissances européennes nous avaient posé nettement cette formule : « Reconnaissez, avant tout, les traités de 1815, et les frontières que ces traités ont assigné à chaque état ? »

Nul doute que la voix de l'honneur eût prévalu, mais quelles chances de plus se donnait l'Autriche pour quelques concessions illusoires ! Oui, nous le croyons, la guerre eût éclaté néanmoins, car l'Italie était décidée à remplir une fois de plus ce devoir sacré d'un peuple, de verser son sang pour reconquérir sa nationalité ; mais l'Autriche alors ne se serait pas trouvé aussi isolée, et la noble cause que nous défendions nous aurait peut-être coûté plus de sang. On ne comprend donc pas autrement que par un mouvement de colère, que l'empereur d'Autriche ait commencé la guerre.

Bref, elle a eu lieu ; l'Autriche a été battue, mais non convaincue, et si elle a fait la paix sitôt, si elle a abandonné si vite sa plus belle province, c'est que ses raisons étaient bien puissantes pour en agir ainsi. La Prusse, sa rivale, sous prétexte de la sauver, devenait toute-puissante sur la confédération, leur proie à toutes deux ; l'Angleterre sous un nouveau ministère ne lui prêtait aucun appui *matériel,* enfin elle reconnaissait trop tard l'immense infériorité de son armée et surtout de son artillerie.

A partir des préliminaires de Villafranca, nous entrons
ans le domaine de l'avenir ; tout ne peut être que conjec-
ıres, et si tout le monde n'est pas d'accord sur les appré-
iations d'un passé dont nous sommes les contemporains,
ombien à plus forte raison ne doit-il pas y avoir de diver-
ence dans la façon d'envisager cet avenir. Nous espérons
ependant que notre opinion personnelle rencontrera çà
t là parmi nos lecteurs, si nous en avons, une certaine
onformité d'idée, et dans ce cas, le but de ce petit ou-
rage sera rempli.

Le traité de Zurich va rendre la paix au monde, et lui
onner un instant de répit. Le repos sera-t-il de longue
urée, et si par malheur il était de nouveau troublé par
 bruit des armes, faudrait-il, comme toujours, en accu-
ar l'ambition de la France ? Evidemment non, il faudrait
 en prendre à la mauvaise répartition du territoire en
ıurope, et au malaise général qui en est la conséquence.
e mauvais vouloir d'une ou deux puissances, les antipa-
ıies nationales, ne viennent qu'en deuxième ligne et ne
ont que le corollaire de la première raison. Nous sommes
onc fortement convaincu que notre génération est en-
ore appelée à voir d'immenses réformes pour le bonheur
e l'humanité, et la tranquillité de celles qui la suivront.

Nous disions en commençant que l'Europe était divisée
n cinq grandes puissances absorbant toute l'influence
olitique, et plusieurs Etats secondaires bien limités par
ı nature. Nous allons sortir un instant des généralités

pour étudier la question des petits Etats qui entourent ou sont entourés par les grands, et qui n'ont pas comme eux les avantages si incontestables aujourd'hui d'une grande centralisation.

Les plus importants par leur position géographique, ceux dont l'agglomération serait la plus naturelle, la plus importante, la plus facile, sont ceux de la confédération germanique. Seule au milieu de l'Europe, cette portion de son territoire a résisté comme un vieux débris des temps anciens à la fusion générale qui s'est opérée partout autour d'elle (1). Elle est restée divisée entre trente-huit ou quarante grands et petits propriétaires politiques qui se sont unis entre eux, non pour le bonheur de leurs sujets, mais pour la conservation de leurs droits.

Rien de plus bizarre, rien de plus incohérent que la manière dont les frontières ont été tracées entre eux par les événements, les secousses politiques de tous les temps, les absorptions de toutes les natures, rarement par le bon sens. Partout, dans cette division incroyable par nombre d'âmes, de villages, de villes, on voit que l'intérêt personnel d'une ou plusieurs familles a dominé ; jamais l'intérêt des masses n'y a été consulté. Nous attribuons, quant à nous, le retard que ce grand pays a éprouvé à se centraliser comme la France et d'autres empires, aux souverainetés ecclésiastiques qui, jusqu'en 1802, occupaient un tiers de sa surface, et à la politique de la maison d'Autriche, qui de tout temps y a recruté des soldats, des généraux, et dont la jalousie a toujours empêché un Etat de renouveler au centre de l'Allemagne, l'œuvre que la Prusse a commencée au nord il y a deux siècles.

(1) Nous exceptons la Suisse, mais ce dernier pays se trouve dans des conditions tout à fait exceptionnelles et inutiles à développer.

Napoléon Ier, au contraire, traça une nouvelle route au milieu de ce chaos féodal; il fit trois royaumes, sans compter celui de Westphalie, qui, du reste, ne fut pas sa meilleure création. Partout où il fut possible d'agglomérer plusieurs petits pays, il le fit, cherchant à leur donner des frontières, des intérêts communs, jetant enfin les fondements d'une grande nation allemande, la seule qui le sera réellement et sans mélange quand elle sera définitivement constituée.

Malheureusement son œuvre ne fut pas continuée, et lorsque les vainqueurs de 1815 n'eurent plus rien à redouter de celui qui les avait tant de fois vaincus, ils oublièrent les promesses qu'ils avaient faites à tous les peuples pour les entraîner dans la lutte, et la réaction triompha. Mais comme on était déjà loin de 1802, et que surtout un retour complet aux anciennes divisions territoriales eût blessé trop de puissants souverains qui avaient profité de cette première réforme, on fit une transaction. Les princes ecclésiastiques furent définitivement exclus, ainsi qu'une foule de petits principules qui n'avaient pas assez de protection pour se faire entendre; puis chacun s'arrondit à son aise dans ce qui restait de territoire à partager. Les plus forts prirent les plus grosses parts, les plus faibles se contentèrent de ce qu'on voulut bien leur laisser. Quelques villes importantes ne conservèrent une liberté illusoire sous le régime oligarchique que grâce au peu d'accord et à la jalousie de leurs puissants voisins. Enfin les Machiavel de cette époque dotèrent cet ensemble monstrueux, au point de vue de la justice et du bon sens, d'une constitution, où, bien entendu, l'Autriche et la Prusse se ménagèrent une influence prépondérante. Il n'y eut de prévoyance que dans la haine, et pour forcer en quelque sorte toute la confédération à une défiance perpétuelle envers la France, on hacha les champs qui bordent le Rhin, et on en fit accepter les débris à tous ceux qui ne trouvaient pas leur part de la curée assez grosse.

Où voyez-vous dans tout ceci l'intérêt des peuples en jeu? Où voyez-vous la justice, l'amour du progrès? Nulle part. Partout, comme nous le disions plus haut, quarante millions d'individus sont sacrifiés à quarante familles; la pluralité est sacrifiée à l'individualité. Qu'en est-il résulté? Dans les États les plus grands, là où il a été possible que l'opinion publique prît naissance, les princes ont été forcés de compter avec leurs peuples et ont subi des constitutions. Mais dans les autres plus petits, des milliers de famille, manquant de débouchés pour leur industrie, pour leur intelligence, préfèrent chaque année braver un voyage de dix-huit cents lieues, un élément qu'elles n'ont jamais vu, et aller respirer un air libre sous d'autres climats! Ne croyons donc pas aveuglément au bonheur de ces peuples et qu'il n'y a rien à faire pour eux.

Ici nous prévoyons cette objection si connue : « Que vous importe à vous, Français. » Nous répondons : Il nous importe beaucoup, et voici pourquoi :

En étudiant l'histoire de toutes les guerres, depuis la formation des grands États européens, il est facile de remarquer qu'elles ont presque toutes été entreprises pour envahir ou pour défendre un petit État, témoin toutes les guerres que nous avons soutenues autrefois en Italie pour conquérir ou conserver le Milanais, toutes celles qui ont fini par ruiner la riche Espagne pour conserver des provinces à des centaines de lieues d'elle, etc. Nous pourrions multiplier ces exemples, mais on sait trop bien que c'est un faible ou une qualité de notre nature humaine de convoiter et d'absorber, quand faire se peut, plus faible que nous. Il en est de même des nations, et qu'on ne s'abuse pas en croyant à une longue entente cordiale en Europe.

Tant que les peuples ne seront pas administrés avec justice, tant qu'ils ne seront pas agglomérés par races, par climats, par besoins communs, tant qu'ils ne seront pas assez forts individuellement pour se faire respecter, et bannir de chez eux l'influence délétère d'un voisin trop puissant, les flots de sang continueront à couler sur la terre.

On nous dira : Vous êtes utopiste? Non, car nous voyons ce principe des nationalités prendre peu à peu le dessus, dans les conseils de l'Europe, sur les ambitions, sur les intérêts égoïstes ou personnels. Une grande guerre, dont toutes les conséquences ne sont pas encore connues, vient d'avoir lieu en Italie pour le triomphe du grand principe. Déjà on a essayé de constituer une nation roumaine, et nous sommes convaincus que vingt années ne se passeront pas avant que les vrais Allemands n'aient également tenté un effort vers le progrès.

Deux forces immenses les convient à se réunir : la vapeur et l'électricité. Avec ces deux moteurs, la vie de clocher à clocher n'est plus possible, et la centralisation est indispensable à un grand peuple qui veut jouir de ces magnifiques découvertes mises aujourd'hui à portée de tous.

N'est-il pas pitoyable de voir tant d'existences inutiles, tant d'argent dépensé par tous les Etats allemands en lignes douanières, en livrées différentes, en petits ambassadeurs, etc.

Nous entendons déjà tous ces princes nous crier : « Vous voulez nous sacrifier, vous êtes un révolutionnaire; mais vous ne réussirez pas, car nous avons allié notre sang à toutes les maisons impériales et royales. »

Nous ne sommes pas révolutionnaires, mais nous sommes progressistes ; nous ne voulons pas vous sacrifier, et vous pourrez, faisant partie d'un grand Etat, acquérir par vos talents, si vous en avez, par la considération (impossible à éviter) qu'on aura pour votre ancien rang, les places les plus importantes, la gloire, l'immortalité, ce que vous n'obtiendrez jamais dans les quelques vallons où vous passez une existence plus qu'inutile et sans profit pour l'humanité.

En tous cas nous ne sacrifions aucun peuple, mais seulement une souveraineté de quelques familles, de quelques individus, dont le rôle est de disparaître, comme tant d'autres, dès qu'ils deviennent inutiles au bonheur de leurs semblables.

Il nous importe donc beaucoup, à nous Français, de voir un jour en Allemagne cette centralisation si désirée. D'abord, les efforts constants de l'Autriche et de la Prusse pour y dominer, cette rivalité qui, nous l'avons dit, ne provient que de leur convoitise, excitée par ce voisinage et ce morcellement, cesseront tout à coup faute d'aliments, et lorsqu'elles se seront annexé les pays les plus voisins qui pourront enfin jouir de la vie d'un grand état. Les guerres devenant plus difficiles, à mesure qu'il y aura moins de causes, on pourra enfin s'occuper sérieusement du grand problème de la réduction des armées permanentes, question bien importante sur toutes ses faces, et insoluble aujourd'hui, au milieu des appréhensions générales. On ne croira plus à cette fausse théorie qui consiste à placer en guise de coussinet entre les grands États, des petits, qui ne sont que des sources de querelles.

Nous pensons enfin, qu'il sera également permis alors à la France de recevoir dans son giron les populations françaises qui l'entourent, au cas où elles voudraient y rentrer. Tous les souvenirs d'une époque fatale seraient effacés, et la confiance des nations les unes envers les autres ne serait plus un vain mot, parce qu'elle aurait des bases durables.

D'ici là, vous n'aurez que des alliances douteuses, des chuchotements dans toutes les chancelleries, des memorandums inutiles, un malaise général et perpétuel ; d'ici là, des trèves, mais pas de paix.

Nous ne nous étendrons pas sur les affaires d'Italie, on les règle en ce moment, et nous ne sommes pas inquiet du triomphe de la justice. La question est d'ailleurs la même que celle que nous avons traitée plus haut. Nous sommes étonné seulement de la résistance que les populations rencontrent, et rencontreront certainement encore dans l'accomplissement de leurs vœux.

En vertu de quels principes les princes réclament-ils leur restauration? Viendront-ils la demander à la France au nom du droit divin? Mais ils oublient donc que la France ne reconnaît qu'un seul droit : celui du suffrage universel, celui en vertu duquel on pourra régner sur elle, mais jamais autrement. Du moment que ducs, grands-ducs, ou princes, ne peuvent gouverner leurs sujets qu'avec l'aide des étrangers, ces mêmes sujets cessent de l'être, et leurs souverains sont aussi ridicules et inconséquents de demander à l'Europe leur restauration, que le seraient les prétendants à tous les trônes, si ceux-ci s'avisaient de faire une pareille demande.

On objectera les traités? mais les traités se font et se défont, car rien n'est durable ici-bas, surtout les conventions humaines, qui ne peuvent être immuables, sous peine d'être rétrogrades. Si les traités par lesquels ces princes régnaient ne sont plus en rapport avec le siècle, avec le progrès, avec la justice, on les détruira, et on les remplacera par d'autres que l'on s'efforcera de faire meilleurs, jusqu'à que ceux-ci subissent à leur tour le même sort. Il nous semble que c'est logique, naturel, et qu'il n'y a que ceux qui sont lésés dans leur égoïsme, leur ambition, qui puissent jeter les hauts cris. A ceux-là nous dirons : tant pis pour vous, il ne fallait pas remonter le courant ; il fallait suivre les masses, vous mettre même à leur tête pour les diriger sur la route où Dieu et leur destinées particulières les conduisent, mais pas ailleurs.

Nous nous arrêtons. Le cadre restreint de cet essai ne nous permet pas de parler d'une question que nous avons omise à dessein, celle des populations Slaves, Moldaves, Valaques, Serbes, Bulgares, etc., et celle de l'empire Ottoman. Nous avons entrepris une tâche bien difficile aujourd'hui, celle d'imprimer quelques pages et de tâcher de les faire lire. Nous n'espérons guère avoir cet honneur, n'ayant aucune protection littéraire, un nom parfaitement inconnu, et une plume novice et bien malhabile à rendre ce que nous sentons. Voilà donc plus de raisons qu'il n'en faut pour nous arrêter, et ne pas noyer l'idée dans une foule de considérations qui seraient peut-être peu goûtées du public. Si cependant nous avions le bonheur d'être encouragé au travail, ce serait pour nous un stimulant bien puissant, et nous oserions être hardi plus d'une fois.

www.ingramcontent.com/pod-product-compliance
Lightning Source LLC
Chambersburg PA
CBHW061818060726
47597CB00008B/3261